4.
JUNI

DAS IST DEIN TAG

DEIN STAMMBAUM

Urgroßvater

Urgroßmutter

Urgroßvater

Urgroßmutter

Großmutter

Großvater

Mutter

VORNAME UND NAME:

....

GEBOREN AM:

....

UHRZEIT:

....

GEWICHT UND GRÖSSE:

....

STADT:

....

LAND:

....

Ich

4

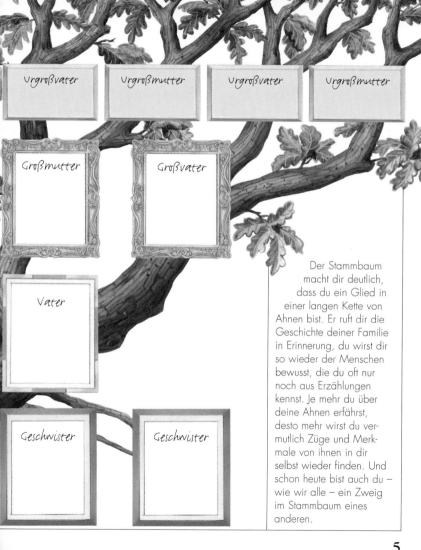

Urgroßvater Urgroßmutter Urgroßvater Urgroßmutter

Großmutter Großvater

Vater

Geschwister Geschwister

Der Stammbaum macht dir deutlich, dass du ein Glied in einer langen Kette von Ahnen bist. Er ruft dir die Geschichte deiner Familie in Erinnerung, du wirst dir so wieder der Menschen bewusst, die du oft nur noch aus Erzählungen kennst. Je mehr du über deine Ahnen erfährst, desto mehr wirst du vermutlich Züge und Merkmale von ihnen in dir selbst wieder finden. Und schon heute bist auch du – wie wir alle – ein Zweig im Stammbaum eines anderen.

Was wären wir ohne unseren Kalender, in dem wir Geburtstage, Termine und Feiertage notieren? Julius Cäsar führte 46 v. Chr. den Julianischen Kalender ein, der sich allein nach dem Sonnenjahr richtete. Aber Cäsar geriet das Jahr ein wenig zu kurz, und um 1600 musste eine Abweichung von zehn Tagen vom Sonnenjahr konstatiert werden. Der daraufhin von Papst Gregor XII. entwickelte Gregorianische Kalender ist zuverlässiger. Erst nach 3.000 Jahren weicht er um einen Tag ab. In Europa setzte er sich jedoch nur allmählich durch. Russland führte ihn zum Beispiel erst 1918 ein, deshalb gibt es für den Geburtstag Peters des Großen zwei verschiedene Daten.

Die Zyklen von Sonne und Mond sind unterschiedlich. Manche Kulturen folgen in ihrer Zeit-

rechnung und damit in ihrem Kalender dem Mond, andere der Sonne. Gemeinsam ist allen Kalendern, dass sie uns an die vergehende Zeit erinnern, ohne die es natürlich auch keinen Geburtstag gäbe.

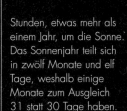

Die Erde dreht sich von West nach Ost innerhalb von 24 Stunden einmal um ihre Achse und umkreist als der dritte von neun Planeten die Sonne. All diese Planeten zusammen bilden unser Sonnensystem. Die Sonne selbst ist ein brennender Ball aus gigantisch heißen Gasen, im Durchmesser mehr als 100-mal größer als die Erde. Doch die Sonne ist nur einer unter aberhundert Millionen Sternen, die unsere Milchstraße bilden; zufällig ist sie der Stern, der unserer Erde am nächsten liegt. Der Mond braucht für eine Erdumrundung etwa 28 Tage, was einem Mondmonat entspricht. Und die Erde wiederum dreht sich in 365 Tagen und sechs Stunden, etwas mehr als einem Jahr, um die Sonne. Das Sonnenjahr teilt sich in zwölf Monate und elf Tage, weshalb einige Monate zum Ausgleich 31 statt 30 Tage haben.

Die Erdhalbkugeln haben konträre Jahreszeiten.

Die Sonne, der Mond und die Planeten folgen festen Himmelsbahnen, die sie immer wieder an zwölf unveränderten Sternbildern vorbeiführen. Ein vollständiger Umlauf wird in 360 Gradschritte unterteilt. Die Sonne befindet sich etwa einen Monat in jeweils einem dieser Zeichen, was einem Abschnitt von 30 Grad entspricht. Da die meisten dieser Sternkonstellationen von alters her Tiernamen erhielten, wurde dieser regelmäßige Zyklus auch Zodiakus oder Tierkreis genannt.

Schon früh beobachteten die Menschen, dass bestimmte Sterne ganz speziell geformte, unveränderliche Gruppen bilden. Diesen Sternbildern gaben sie Namen aus dem Tierreich oder aus der Mythologie. So entstanden unsere heutigen Tierkreiszeichen, die sich in 4.000 Jahren kaum verändert haben. Die festen Himmelsmarken waren von großem praktischen Wert: Sie dienten den Seefahrern zur Navigation. Zugleich beflügelten sie aber auch die Phantasie. Die Astrologen gingen davon aus, dass die Sterne, zusammen mit dem Mond, unser Leben stark beeinflussen, und nutzten die Tierkreiszeichen zur Deutung von Schicksal und Charakter eines Menschen.

WIDDER: 21. März
bis 20. April

STIER: 21. April
bis 20. Mai

ZWILLING: 21. Mai
bis 22. Juni

KREBS: 23. Juni
bis 22. Juli

LÖWE: 23. Juli
bis 23. August

JUNGFRAU: 24. August
bis 23. September

WAAGE: 24. September
bis 23. Oktober

SKORPION: 24. Oktober
bis 22. November

SCHÜTZE: 23. November
bis 21. Dezember

STEINBOCK: 22. Dezem-
ber bis 20. Januar

WASSERMANN: 21. Januar
bis 19. Februar

FISCHE: 20. Februar
bis 20. März

9

Den Tierkreiszeichen werden jeweils bestimmte Planeten zugeordnet: Dem Steinbock ist der Planet Saturn, dem Wassermann Uranus, den Fischen Neptun, dem Widder Mars, dem Stier Venus und dem Zwilling Merkur zugeordnet; der Planet des Krebses ist der Mond, für den Löwen ist es die Sonne. Manche Planeten sind auch mehreren Tierkreiszeichen zugeordnet. So ist der Planet der Jungfrau wie der des Zwillings Merkur. Der Planet der Waage ist wie bereits beim Stier Venus. Die Tierkreiszeichen Skorpion und Schütze haben in Pluto und Jupiter ihren jeweiligen Planeten.

D er Mond wandert in etwa einem Monat durch alle zwölf Tierkreiszeichen. Das heißt, dass er sich in jedem Zeichen zwei bis drei Tage aufhält. Er gibt dadurch den Tagen eine besondere Färbung, die du als Zwilling anders empfindest als andere Sternzeichen.

In welchem Zeichen der Mond heute steht, erfährst du aus jedem gängigen Mondkalender. An einem **Widder**-Tag sollte man Diskussionen mit dem Zwilling eher aus dem Weg gehen: Er redet jeden in Grund und Boden. Steht der Mond im **Stier**, hat der Zwilling die besten Ideen, wie er aus seinem großen Wissen Kapital schlagen kann.

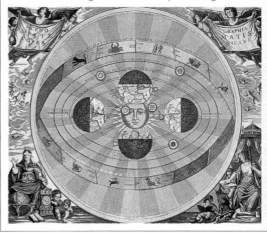

Der Mond im **Zwilling** kann zu heftigsten inneren Kämpfen führen: Wofür soll sich der Zwilling denn bloß entscheiden? Wenn Zwillinge, die es ständig in die große weite Welt treibt, ein Familientreffen anberaumen, steht der Mond im **Krebs**. Steht er im **Löwen**, dann schafft es der Zwilling, aus einer ganz kleinen Sache die größte Geschichte seines Lebens zu basteln. Versuche nie, einem Zwilling an einem **Jungfrau**-Tag ein X für ein U vorzumachen! An **Waage**-Tagen sind dem Zwilling sogar Liebeserklärungen zu entlocken. Steht der Mond im **Skorpion**, dann setzt der Zwilling schon mal seine Macht und nicht nur seinen Charme ein. Ist eine große Geste angesagt, so sollte der Zwilling dafür einen **Schütze**-Tag wählen. An diesem Tag kann er idealistisch statt realistisch sein. Ein **Steinbock**-Tag ist ideal für einen Zwilling, um sich mit seinen Rechnungen auseinander zu setzen, ohne sofort zu verzweifeln. Wenn der Mond im **Wassermann** steht, dann holt sich der Zwilling gerne blaue Flecken, weil er mal wieder drei Dinge zugleich erledigen will. Der Mond im **Fisch** verleiht dem Zwilling sehr viel Phantasie, Sensibilität und Intuition, zumindest wenn alle seine Kanäle auf Empfang geschaltet sind.

Unser Sonnensystem mit den neun Planeten

Zwillinge hassen Langeweile. Bewegung und Veränderungen sind lebenswichtig für sie. Sie lieben Schwierigkeiten, weil diese meist Abenteuer bedeuten, und laufen vor allem dann zu Hochform auf, wenn sie zu einer Gruppe gehören. Gleichzeitig brauchen sie

Kastor und Pollux waren die Kinder von Leda und dem Gott Zeus; in ihren Persönlichkeiten spiegelt sich die Dualität von Zwillingen wider. Der beherrschende Planet der

ZWILLINGE

Zwillinge ist Merkur, der in der griechischen und römischen Mythologie der geflügelte Götterbote war. Jedes Tierkreiszeichen wird in drei Dekaden mit jeweils eigenen Charakteristika eingeteilt. Die erste Zwillingsdekade reicht vom 21.5. bis 1.6., die zweite vom 2.6. bis 11.6. und die dritte vom 12.6. bis 22.6. Allen Zwillingen ist gemeinsam, dass sie sehr neugierig und meistens interessierte und einfühlsame Gesprächspartner sind. aber sehr viel Freiraum. Sie können hervorragend mit Worten umgehen, ihre Spontaneität und ihr natürlicher Humor wirken sehr ansteckend.

Mit Zwillingen langweilt man sich daher nie. Natürlich haben sie aber auch ihre negativen Seiten: Es fehlt ihnen oft an Konzentrationsfähigkeit und Ausdauer, und sie neigen dazu, sich zu verzetteln. Den einzelnen Tierkreiszeichen sind bestimmte Dinge zugeordnet, die als ihre Glücksbringer gelten. So ist die Farbe der Zwillinge Anisgrün, ihre Edelsteine sind der Achat und der Goldtopas, ihre Tiere der Papagei und der Affe, ihre Pflanze ist der Wiesenkerbel, ihr Baum der Holunder. Als Glückstag der Zwillinge gilt der Mittwoch.

Mit der zweiten Dekade der Zwillinge wird in der Astrologie traditionell das Sternbild Sirius, der Hundsstern, in Verbindung gebracht. Die in diesem Zeitraum Geborenen sind durchwegs kreative Diplomaten – aber Vorsicht, sie können beißen!

Den Anfang dieser Dekade machen gleich drei große Persönlichkeiten der Geschichte: Der italienische Dichter **Dante Alighieri** (5. Juni 1265) schilderte in seinem Hauptwerk, der »Göttlichen Komödie«, das Paradies und die Hölle;

der französische Maler **Paul Gauguin** (7. Juni 1848) ebnete mit seiner großflächigen Malweise dem Expressionismus den Weg, und **Diego Veláz-quez** (6. Juni 1599, Abb. o.) durfte als einziger Maler in Spanien König Philipp IV. porträtieren. Natürlich brachte diese Dekade auch bemerkenswerte Frauengestalten hervor: So zum Beispiel die in Amerika geborene Sängerin und Tänzerin **Josephine Baker** (3. Juni 1906), die nicht nur Paris mit ihrem Tanz auf einem Spiegel, bei dem sie nur

mit einem Bananenröckchen bekleidet war, im Sturm eroberte, und die Französin **Marie-Antoine Caràme** (8. Juni 1784), deren Küche für ihre Raffinesse berühmt

war und die mit ihren kulinarischen Kreationen die europäischen Königshäuser verwöhnte.
In der Welt des Sports finden wir **Björn Borg** (6. Juni 1956, Abb. o.), der für seine stoische Ruhe auf dem Tennisplatz be-

kannt war und als erster Spieler fünfmal hintereinander in Wimbledon als Sieger den Platz verließ.

Aber auch ein Wissenschaftler, nämlich der Brite **Francis Crick** (8. Juni 1916), dem es als Erstem gelang, eines der großen Geheimnisse der Natur zu entschlüsseln, ist an dieser Stelle zu nennen: Zusammen mit seinen beiden Partnern konnte er die Molekularstruktur der DNS bestimmen. **Allen Ginsberg**

(3. Juni 1926, Abb. o.), einer der führenden Vertreter der Beatgeneration, gab dieser mit seinem Gedicht »Das Geheul« entscheidende Impulse.

Der Rockmusiker **Prince** (7. Juni 1958), um den es inzwischen ruhiger geworden ist, machte vor allem in den achtziger Jahren als rüder Rebell mit viel Sexappeal Furore.

Aufsehen erregte auch der mexikanische Revolutionär und Volksheld **Pancho Villa** (5. Juni 1878, Abb. re. u.).

Die Glitzerwelt des Films repräsentieren vor allem **Michael J. Fox** (9. Juni 1961), der jugendliche Held aus der Trilogie »Zurück in die Zukunft«, **Tony Curtis** (3. Juni 1925), der nicht nur in der Filmkomödie »Manche mögen's heiß« die Frauen betörte, sowie **Judy Garland** (10. Juni 1922), die für ihre Rolle als Dorothy in »Das zauberhafte Land« einen Sonder-Oscar erhielt.

15

Als am 4. Juni 1738 in London Georg III. geboren wurde, feierte man dieses Ereignis in allen Städten

des Königreichs. Während die Honoratioren auf die Gesundheit des Thronfolgers tranken, entfachte man auf den Straßen Freudenfeuer und zündete Feuerwerke

für den ältesten Sohn des Prinzen von Wales an.

Im Jahr 1760 folgte der älteste Sohn Friedrich Ludwigs seinem Großvater Georg II. auf den Thron. Er wurde König von Großbritannien und Irland sowie Kurfürst von Hannover. Die große Beliebtheit des neuen Königs und die Zuneigung, die man ihm entgegenbrachte, hatten angeblich viel mit seinem vorbildlichen Familienleben zu tun, doch auch Georgs Einstellung zu den amerikanischen Unabhängigkeitsbestrebungen wurde von den meisten seiner Untertanen geteilt. Nachdem der König den amerikanischen Siedlern die Forderung nach Unabhängigkeit verwehrt hatte, enterten Tausende von ihnen im Jahr 1773 britische Schiffe im Hafen

beliebtesten englischen Könige. Die Regentschaft wurde 1811 seinem Sohn, dem späteren Georg IV., übertragen.

von Boston. Sie vernichteten die gesamte Teeladung, indem sie alles über Bord warfen (»Boston Tea Party«). Das führte unweigerlich zum Krieg zwischen den nordamerikanischen Kolonien und dem britischen Mutterland. Der König war davon überzeugt, diesen Krieg zu gewinnen, doch es sollte anders kommen. Im Jahr 1776 wurde Georg in der Unabhängigkeitserklärung der 13 Vereinigten Staaten ein »ungeeigneter Führer eines freien Volkes« genannt. Inzwischen hatte er jedoch andere Sorgen: Er litt an einer Geisteskrankheit, die ihn ab seinem 50. Lebensjahr immer gewalttätiger und unberechenbarer werden ließ. 1995 wurde sogar ein Film über dieses Thema gedreht: *King George – Ein Königreich für mehr Verstand*. Die Krankheit kam und ging, bis 1810 seine Lieblingstochter starb. Nun verfiel Georg endgültig dem Irrsinn, bis er am 29. Januar 1820 starb – ein trauriges Ende für einen der

Am 4. Juni 1859 kam es zur **Schlacht von Magenta**, bei der die vereinigten französischen und sardinischen Armeen unter der Führung des französischen Generals MacMahon die Österreicher schlugen, die daraufhin die Lombardei aufgeben mussten.

Leopold Georg Christian Friedrich, der jüngste Sohn des Herzogs Franz von Sachsen-Coburg-Saalfeld, wurde am 4. Juni 1831 zum **König der Belgier** (Leopold I.) gewählt, nachdem er 1830 die zuvor angenommene griechische Königskrone abgelehnt hatte. Er gewann großen Einfluss im Lande, hielt sich jedoch in Bezug auf die belgischen Parteikämpfe sehr zurück und widmete sich in der Folgezeit ausgiebig einer Coburger Hauspolitik.

Henry Ford, der mit seinen 1913 eingeführten Fließbändern die industrielle Fertigung revolutionierte und die Ford Motor Company zu einer Firma von Weltrang machte, konstruierte 1892 sein erstes Auto und führte es am 4. Juni vor: Das kleine Gefährt bestand aus vier Fahrradrädern, die um einen wassergekühlten Zweizylindermotor montiert waren, und erreichte immerhin eine Geschwindigkeit von 16 Stundenkilometern. Ford verkaufte sein »Vierrad« für 200 Dollar.

Nach dem Zusammenbruch des faschistischen Staates hatten die deutschen Truppen im September

1943 die italienische Hauptstadt besetzt. Am 4. Juni 1944 kam es dann zur **Befreiung Roms** durch die Alliierten. Nach ihrer Landung bei Anzio und Nettuno stießen sie auf starken deutschen Widerstand, vor allem beim Bergkloster Monte Cassino, das deshalb durch alliierte Bombenangriffe nahezu vollständig zerstört wurde.

Heute im Jahr 1961 verkündete **Charles de Gaulle** dem algerischen Volk, er respektiere dessen Wunsch nach Unabhängigkeit (nachdem man ihn zu diesem »Verständnis«

gezwungen hatte). Algerien war seit dem 19. Jahrhundert eine französische Kolonie und hatte während des Zweiten Weltkriegs als Sitz des französischen Widerstands gedient. Ab 1948 kam es zu einer islamischen Unabhängigkeitsbewegung, die immer mehr Unterstützung fand. Doch erst 1962 wurde Algerien in die Unabhängigkeit entlassen.

Einen Tag nach dem Tod des iranischen Schiiten-führers **Ayatollah Khomeini** trat Ali Khamenei am 4. Juni 1989 dessen Nachfolge an. Khomeini war nach der erzwungenen Ausreise von Schah Resa Pahlewi 1979 im Triumph aus dem Exil zurückgekehrt und hatte die Errichtung einer »Islamischen Republik« betrieben, wobei er unerbittlich gegen jede Art von Opposition vorging.

19

Am 4. Juni 1496 kehrte Christoph Kolumbus, der einem Lied zufolge »das Meer ohne Kompass« besegelte, von seiner zweiten großen Entdeckungsreise wieder nach Spanien zurück. 1493 war er mit drei Schiffen aufgebrochen, doch die Expedition verlief alles andere als glatt. Es gab Auseinandersetzungen, Meutereien der Mannschaft, zu wenig Nahrungsmittel und darüber hinaus ständige Kämpfe mit den karibischen Eingeborenen. Trotzdem entdeckte Kolumbus auf dieser Fahrt die Insel Dominica, einige der Leeward-Inseln und die Südküste von Kuba.

Insgesamt unternahm Kolumbus vier große Reisen. Die erste führte ihn 1492 zu den Bahamas und eröffnete den Weg für die Erforschung Amerikas. Bei seiner Rückkehr nach Europa wurde er mit großen Ehrungen zum Dank für die Entdeckung der Neuen Welt überhäuft. 1498 sichtete Kolumbus auf seiner dritten Reise zum ersten Mal das amerikanische Festland. Seine vierte und letzte Fahrt führte ihn dann nach Martinique. Diese Reise war die schwierigste: Die Vorräte waren knapp, das Wetter war entsetzlich und die Mannschaft entsprechend wenig motiviert. »Der Zorn des Himmels gewährte uns keine Atempause«, schrieb Kolumbus. »Fast immer nur Regen, Donner und Blitze – das Ende der Welt schien unmittelbar bevorzustehen.« 1504 kehrte er todkrank nach Sevilla zurück. Er konnte jedoch auf ein erfolgreiches Leben zurückblicken, hatte er doch Amerika sowie eine zuverlässige Route dorthin entdeckt.

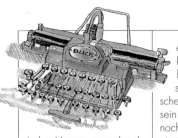

Jeden Monat – manchmal sogar jeden Tag – werden große und kleine Dinge erfunden, die unser tägliches Leben verändern. Auch der Monat Juni bildet da keine Ausnahme.

So erhielt am 23. Juni 1867 Christopher Latham Sholes das Patent für die erste funktionstüchtige **Schreibmaschine** der Welt. Nach insgesamt 52 Versuchen der verschiedensten Erfinder war ihm das Glück beschieden, dass sein Gerät auch wirklich funktionierte. Eine andere wichtige Erfindung ließ sich der Ungar Ladislaus Biro am 10. Juni des Jahres 1943 patentieren: Er hatte den **Kugelschreiber** entwickelt. Biro verkaufte dieses Patent bald an einen Geschäftsmann, im englischen Sprachraum steht sein Nachname aber noch heute für jenes einst revolutionäre Schreibgerät.

Der erste **Flug eines Warmluftballons** fand am 5. Juni des Jahres 1783 statt, als die Brüder Montgolfier ihren unbemannten »Feuerballon« vorführten. Drei Monate später, am 19. September, ließen die Brüder die ersten Ballonfahrer über dem königlichen Schloss in Versailles aufsteigen. In der Gondel unter dem riesigen himmelblauen und mit Lilien geschmückten Ballon aus Leinwand befanden sich eine Ente, ein Hahn und ein Schaf namens Montauciel (was wörtlich »der in den Himmel hinaufsteigt« bedeutet). Ungefähr 100.000 Menschen wurden Zeugen dieses geschichtsträchtigen Ereignisses.

bekannter, nachdem er am 11. Juni 1742 seine neueste Erfindung – den landesweit ersten wirklich tauglichen **Küchenherd** – vorgeführt hatte.

Am 27. Juni 1859 komponierte Mildred Hill, eine Lehrerin aus dem US-Bundesstaat Kentucky, die Melodie des Liedes **Happy Birthday to You**. Sie nannte ihr Lied zunächst »Good Morning to All«, doch ihre Schwester Patty schrieb einen neuen Text, der dieses Lied zum wohl berühmtesten Geburtstagslied der Welt machte.

Dieser Monat bietet noch weitere interessante Erfindungen: So wurde am 4. Juni 1789 in der Londoner Fleet Street die erste **Feuerwehrleiter** vorgeführt und am 1. Juni 1880 in New Haven im US-Bundesstaat Connecticut

Der Name des großen amerikanischen Staatsmannes und Erfinders Benjamin Franklin wurde noch

die erste **Telefonzelle** aufgestellt, nachdem dort zwei Jahre zuvor George Coy die erste Fernsprechstelle eingerichtet hatte. Auch der **Stacheldraht** wurde in diesem Monat, am 25. Juni 1867, von B. Smith aus Ohio zum Patent angemeldet.

23

Zweimal im Jahr machen sich die Schwalben auf ihre weite Reise: Im Herbst fliegen sie in den warmen Süden Afrikas, um im Frühling den langen Weg zurück nach Europa anzutreten. Schwalben haben einen langen, gegabelten Schwanz und sehr große Flügel. Sie sind hervorragende Flugkünstler. Ihr Federkleid ist blau- bis schwarzglänzend.

Die Obstbäume blühen, der Frühling steht vor der Tür – eine Zeit des kraftvollen Neubeginns in der Natur. Die Rückkehr der Schwalbe gilt weltweit als sicherster Vorbote wärmeren Wetters.

24

Die japanische Zierkirsche gehört inzwischen auch in unseren Breiten zum Bild des Frühlings. Der Baum stammt ursprünglich aus China und spielt dort als Symbol nationaler Identität eine wichtige Rolle. Auch als Bildmotiv ist der Baum allgegenwärtig, so zum Beispiel auf der oben abgebildeten Spielkarte.

Im Frühling fliegen die Bienen und andere Insekten von Blüte zu Blüte, saugen deren Nektar ein und bestäuben sie. Es ist die Zeit der Fortpflanzung im Tierreich. Manche Vögel legen Tausende von Kilometern zurück, um ihren Partner zu finden. Im März machen sich die Weibchen der Spermwale auf den langen Weg von den arktischen Meeren bis nach Sri Lanka, um auf die Männchen ihrer Art zu treffen. Seehundweibchen wiederum zieht es in dieser Jahreszeit von Grönland an die Küsten Kanadas, um dort an Land ihre Jungen zur Welt zu bringen, die dann leider allzu häufig als Beute von Felljägern enden.

Die Sonnwendfeier ist ein traditionelles Fest, das heute anlässlich der Mitte des christlichen Kalenders und der Geburt Johannes des Täufers in vielen westlichen Ländern in der Nacht auf den 24. Juni begangen wird. Dabei spielen Feuer, die so genannten Johannisfeuer, die vor allem im Südosten Deutschlands, in Österreich und in Skandinavien entzündet werden, eine wichtige Rolle. In Form von Freudenfeuern, über die die Menschen hinüberspringen, oder Fackelumzügen sowie Feuerreifen, die

Berghänge hinabrollen, wird vielerorts dieses Mittsommerfest begangen (Abb. li. o. und u.). Die nordamerikanischen Hopi-Indianer basteln am 21. Juni kleine Puppen, so genannte Kachinas (Abb. o.), die die Geister repräsentieren. Diese werden vergraben und sechs Monate später, am 21. Dezember, wieder ausgegraben. Am 14. Juni wird, wiederum in den Vereinigten Staaten, der »Flag Day« (Flaggentag) begangen. Die Häuser und Straßen werden dabei unter anderem mit Figuren von Uncle Sam (Abb. re.) geschmückt, um der allerersten amerikanischen Flagge zu gedenken, die 1777, ebenfalls am 14. Juni, angefertigt wurde. Das Pfingstfest, das am 50. Tag nach Ostern,

also in der Zeit zwischen dem 9. Mai und Mitte Juni gefeiert wird, hat seine Wurzeln im Christentum. Es soll an den Tag erinnern, an dem der Heilige Geist über die in Jerusalem versammelten Apostel kam. Für die Juden ist dieser Tag ein Erntefest, das 50 Tage nach ihrem Passahfest stattfindet. Am zweiten Donnerstag nach Pfingsten folgt das katholische Fronleichnamsfest, mit dem die eucharistische Verwandlung des Leibes Christi gefeiert wird. Das »Hochfest des Leibes und Blutes Christi« ist meist mit einer Prozession verbunden. In Mexiko finden dann Umzüge statt, die von Musikkapellen begleitet werden. In Südkorea werden in diesem Monat beim Tano-

Fest Wettkämpfe für die Mädchen abgehalten: Sie müssen eine Glocke anschlagen, die hoch über dem Boden hängt. Diejenigen, denen dies gelingt, erhalten als Preis etwas für ihre »Mitgift«. In Indien wollen beim Ganga-Dussehra-Fest möglichst alle Hindus ein Bad im heiligen Fluss Ganges nehmen. Der Legende nach kam zu dieser Zeit einmal die Göttin Ganga in Gestalt eines Flusses auf die Erde, um die Seelen von 60.000 Königssöhnen zu retten.

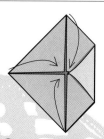

❶ Serviette falten

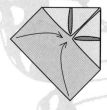

❷ Rückseite falten

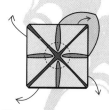

❸ Spitzen herausziehen

Material:

Quadratische Papier- oder Stoffserviette, Wasserglas

1. Serviette falten

Die quadratische Serviette flach hinlegen. Die vier Ecken der Serviette eine nach der anderen zum Mittelpunkt legen. Die Ränder vorsichtig glattstreichen. Den Faltvorgang mit den neu gebildeten Ecken wiederholen.

2. Rückseite falten

Die gefaltete Serviette umdrehen. Die vier Ecken erneut zur Mitte legen und die Ränder glattstreichen.

3. Spitzen herausziehen

Das Wasserglas zur Fixierung auf den Mittelpunkt der Serviette stellen. Unter die Ecken fassen und die untenliegenden vier Spitzen vom Mittelpunkt heraus leicht nach oben ziehen. Danach unter die Seiten-kanten der Serviette fassen und die übrigen vier Serviettenspitzen vom Mittelpunkt heraus nach oben ziehen. Zum Schluss das Glas wegnehmen.

Im Juni

Es ist Juni und ist gut.
Mütter singen Kinderreime,
Und der Sommer singt im Blut.

Kinder knicksen tief und froh,
Rutschen in der goldnen Kutschen
Eins, zwei, drei nach Nirgendwo.

Drüben an dem runden Saum
Blüht ein kleiner Apfelbaum.

Albrecht Goes